Janvier 1635.

EDICT DV ROY,

PORTANT CREATION

de deux Offices de Conseillers de sa Majesté & Intendans hereditaires des deniers communs, patrimoniaux & d'octroy des Villes & Communautez de la Generalité de Guyenne, Et d'vn autre Office de Côseiller & Commissaire Examinateur aussi hereditaire, D'vn Procureur alternatif, & d'vn second Aduocat de sadite Majesté en chacune Election de ladite Generalité.

Verifié en la Chambre des Comptes, le seiziéme May mil six cens trente-cinq.

A PARIS,

Par P. METTAYER, A. ESTIENE, & P. ROCOLET, Imprimeurs ordinaires du Roy.

M. DC. XXXVI.

Auec Priuilege de sa Maiesté.

LOVIS par la grace de Dieu Roy de Fráce & de Nauarre, A tous presens & à venir, Salut. Par nostre Edict du mois de Decembre 1628. Nous auons creé & erigé en tiltre d'Office formé, Deux nos Conseillers des deniers communs & d'octroy, des Villes & Communautez de nostre Royaume au ressort de chacune Election d'iceluy. Et par autre Edict du mois de Decembre 1633. nous auons pareillement crée vn Commissaire Examinateur, Vn nostre Procureur alternatif, & Vn second nostre Aduocat, en chacune desdites Elections : Ausquels Offices n'ayant encor esté pourueu dans nostre Generalité de Guyéne, où ils ne sont pas moins vtiles & necessaires, qu'en toutes les autres de nostre Royaume, Il nous auroit esté representé, que pour en faciliter l'establissement & la vente, & tirer le secours que nous attendôs desdeniers qui en doiuét prouenir, il estoit necessaire de rendre lesdits Offices d'Intendans & Commissaires examinateurs hereditaires, comme aussi de regler la fonction desdits Intendans dãs nostre Generalité de Guyenne, dautant que les deniers communs & d'octroy y sont de nature differente à ceux des autres Generalitez, en ce que la pluspart des Villes & Communautez de ladite Generalité, iouyssent de certains droicts de Boucherie, Souquets, Pied-forchu, Deschats, Hallage, Couuerage, Foire, Marchez & autres, lesquels elles censent patrimoniaux, sous pretexte qu'elles s'en iouïssét sans autre tiltre que la possession immemoriale, & qu'elles n'en comptent point en nostre Chambre des Comptes, quoy que pourtant elles n'ayent peu s'introduire dãs cette iouyssance sans concession particuliere de Nous, ou des Roys nos predecesseurs: Comme aussi en ce que plusieurs desdites villes & Communautez, imposent par chacun an ce qui leur est necessaire en vertu du Reglemét fait en l'année mil six cens vn, par le Sieur de Martin, Tresorier de France en ladite Generalité, par nous commis pour regler les frais & dépéses qu'elles sont obligées de faire annuellement. A cause dequoy, & pour éuiter les abus qui se pourroient faire en la leuée & perception desdits droicts, & employ desdits deniers qui en prouiennét, il importe d'establir lesdits Intendans dãs nostre Generalité de Guyenne: A CES CAVSES, Sçauoir fai-

sons, qu'apres auoir fait mettre cét affaire en
deliberation en noftre Confeil, De l'Aduis
d'iceluy, & de noftre certaine fcience, pleine
puiffance & authorité Royale, auons par noftre prefent Edict perpetuel & irreuocable,
créé & erigé, creôs & erigeôs en tiltre d'Office formé, Deux nos Confeillers & Intendans hereditaires des deniers communs, patrimoniaux & d'octroy, des Villes & Cômu-
nautez de noftredite Generalité de Guyéne
& reffort de chacune Election d'icelle, Vn
noftre Confeiller & Commiffaire examinateur auffi hereditaire, Vn noftre Procureur
alternatif, & vn fecond noftre Aduocat en
chacune defdites Electiôs, Pour defdits Offices d'Intendâs & Commiffaires Examinateurs, iouïr & difpofer par ceux qui en ferôt
pourueus, leurs vefues, heritiers, fucceffeurs
& ayans caufe, audit tiltre d'heredité, fans
neantmoins qu'ils puiffent eftre céfez & re-
putez domaniaux ny fujets à reuéte & rem-
bourfement pour quelque caufe & occafion
que ce foit, ny tenus de prédre nos lettres de
confirmation ou ratification, dont nous les
auons déchargez & difpéfez, nonobftât tous
Reglemês, Declarations & Arrefts. Voulons
que ceux qui ferôt pourueus defdits Offices
d'Intendans dans noftredite Generalité de

Guyéne, prénét cognoiſsäce de tout ce qui
prouient & prouiendra cy-apres des déniers
cõmuns, patrimoniaux & d'octroy deſdites
Villes & Cõmunautez en l'eſtéduë & reſſort
de chacune Election où ils ſeront eſtablis,
Meſmes de ceux qui s'inpoſẽt annuellemẽt
en vertu du Reglement fait en ladite année
1601. par ledit ſieur de Martin, & genera-
lement de toutes impoſitions qui ſe font &
ferõt pour les affaires particulieres deſdites
Villes & Communautez, pour éuiter que les
deniers n'en ſoiét diuertis & employés à autres vſages qu'à ceux auſquels ils ſont deſti-
nez, àquoy noſdits Intendans tiendront ſoi-
gneuſemẽt la main. Et à cette fin aurõt chacun en l'année d'exercice, entrée, ſeance &
voix deliberatiue quand bon leur ſemblera,
dãs toutes les aſſemblées publiques & particulieres qui ſe ferõt par les Maires & Eſcheuins, Iurats, Cõſuls & autres Officiers deſdites Villes & communautez. Seront en outre
leſdits Intendans preſens aux Baux à ferme
qui ſe ferõt deſdits deniers communs, patrimoniaux & d'octroy, & deliuráce des Com-
miſſions pour faire la recepte des droicts
qui n'ont accouſtumé de s'affermer, ſoit és
Bureaux de nos Finances, Sieges ordinaires
de la Iuſtice des lieux, Bureaux de nos Ele-

tions, ou és maiſons de Ville du reſſort de
leurs charges: & auront rang & ſeance apres
le premier & plus éminent des Officiers deſdits Sieges ordinaires deſdites Elections, &
deſdites Villes: Cóme auſſi aux Baux ou rabais qui ſe ferót pour reparations des murs,
ponts, pauez, chemins, chauſſées & autres
ouurages publics qui ſe feront en l'eſtenduë
de leur reſſort, dont leprix ſe payera deſdits
deniers cómuns, patrimoniaux & d'octroy,
ou par les habitás des Villes, bourgs & villages, par vne leuée particuliere & extrordinaire qui ſe fera ſur eux pour le payement
deſdits ouurages. Et afin de voir & viſiter les
chemins, chauſſées, ponts & paſſages qu'il
conuiendra reparer en toutes leſdites villes,
bourgs & villages, & és enuirons d'iceux, ſerót ten° faire leurs cheuauchées en tous les
ſuſdits lieux, vne fois l'année, & dreſſer procés verbal deſdites reparatiós, dont ils ferót
rapport aux Bureaux de nos Sieges qui ont
accouſtumé d'en cognoiſtre, pour y eſtre
pourueu en leur preſéce, & auec leur aduis.
Et pour les reparations & conſtructions des
nouueaux ouurages qui ſerót à faire ésvilles
cloſes, celuy deſdits intédans qui ſera en exercice, ou qui aura en ſondepartemét leſdites Villes, ſera preſent pour proceder à l'eſti-

matiõ & adiudicatiõ defdits ouurages, auec
les Officiers du corps defdites Villes, s'il y en
a, finõ auec les Iuges ordinaires. Et pour les
falaires & vacatiõs defdits Intendans, ils feront payez à raifon de huiĉt liures pour chacun iour qu'ils employeront aufdites villes,
adiudications & receptions d'ouurages par
les Receueurs des deniers cõmuns defdites
Villes, en leur deliurãt leurs procés verbaux
contenãs au vray les iours qu'ils auront em-
ployez, pour les rapporter à la reddition des
comptes defdits Receueurs, & y feruir pour
les parties y employées pour lefdits falaires
& vacations. Et ne pourrõt lefdits Officiers
des Villes, Iuges ordinaires ou eleº, vaquer
aufdites adjudicatiõs & receptions d'ouurages, ny baux à ferme, fans que l'Intendant en
exercice, foit prefent ou deuément appellé
par fignification par efcrit, qu'ils feront faire
en fon domicile par luy éleu en la Ville du
Bureau de l'electiõ, quinze iours auparauãt
qu'il conuiẽne faire lefdites adiudications &
receptiõs. Et fera à ces fins le domicile dudit
Intẽdãt, inferé és regiftres defdites Villes &
Electiõs. Voulõs en outre que lefdits Inten-
dãs tiẽnẽt regiftre de tous les deniers communs, d'octroy & autres qui fe louẽt & leue-
ront par chacun an par impofitious au profit
defdites

deſdites Villes, des lettres émanées de nous
& de nos predeceſſeurs Roys, en vertu deſ-
quelles leſdits deniers ſe prênent & leuét ſur
nos ſubiets, & que toutes les années, &trois
mois apreschacune d'icelles expirées les Receueurs deſdits deniers communs, patrimoniaux & d'octroy, enſemble de ceux qui pro-
uiendrôt des leuées particulieres qui ſeront
faites ſur leſdites Villes & communautez,
pour leurs affaires, en rendêt compte par vn
bref eſtat, à celuy deſdits Intendans qui ſera
ſorti de charge: ſur lequel eſtat verifié par ledit Intédât, les côptes que leſdits Receueurs
rendront à la Communauté, & par tout ail-
leurs, ſeront clos & arreſtez ſans difficulté.
Voulôs auſſi que tous les mádemés & ordô-
nancés de payemét qui ſe feront par les Maires, Eſcheuins, Iurats & Côſuls des Villes &
Communautez, où leſdits Intendans ferôt
leur réſidence, à prendre ſur leſdits deniers
communs, patrimoniaux & d'octroy, leuées
& impoſitiôs particulieres, ſeront ſignées de
celuy dudit Intendant qui ſera en exercice,
côiointemét auec leſdits Maires, Eſcheuins
Iurats & Côſuls, ou en ſon abſéce, par celuy
qui ſera hors d'exercice. Et à cette fin feront
tres-expreſſes deféſes aux Receueurs deſdits
deniers dás leſdites Villes, de rien payer ſur

lesdits mandemens & ordonnances, si elles ne sont signées de l'vn desdits Intendans, à peine de payer deux fois, & d'y estre contraints comme pour nos propres deniers & affaires. Et pour les ouurages & reparations qui serontà faire sur les grãds chemins Royaux, pour lesquels il se fait leuées par chacune année, dõt aucunes sont comprinsesen nos lettres de Cõmission, & la grãde Creuë extrordinaire, & les autres se font par nos lettres de commission particulieres, lesdits Intendans les visiteront, feront faire estimation en leur presence des ouurages necessaires pour les reparer, & en dresseront leurs procez verbaux & deuis, qu'ils enuoyeront ausdits Tresoriers generaux de France, afin qu'en faisant leurs cheuauchées, ils recognoissent la verité du contenu esdits procez verbaux & deuis, & procedent sur les lieux au bail au rabais desdits ouurages, l'Intendant present ou deuëment appellé. Et dautãt que la plus grande partie des peages qui ont esté concedez aux Seigneurs des Villes, Bourgs & Villages, leur ont esté accordez, à lacharge d'entretenir les grands chemins trauersans leurs terres, Nous voulons que lesdits Intendans contraignent lesdits Seigneurs d'entretenir lesdits chemins, s'ils y sont tenus. Les pourueus defquels Offices iouïrõt des mefmes priuileges, immunitez, franchifes libertez, exéptions de toutes tail-les, Taillons, creuës & autres leuées & impo-fitions dont iouïffent à prefent les Officiers de nos Elections, fuiuant nos Edicts & De-clarations, en quelque lieu quils facent leur refidence, mefmes des exemptiõs de toutes eharges perfonnelles, cõmme tutelle, cura-telle, commiffions & autres, à caufe du foin continuel où ils feront occupez pour lebien public. Et où il furuiendroit des occafions pour lefquelles lefdits Intendans doiuent eftre ouïs és Bureaux de nos Finances, nous voulons qu'ils y ayẽt entrée & feance, apres toutesfois le dernier des Treforiers de Frã-ce: comme auffi, qu'en toutes affemblées publiques & particulieres, ils ayent rang apres les Prefidens & Lieutenans Generaux des Sieges Prefidiaux, Bailliages & Senef-chauffées, & priuatiuement aux autres Offi-ciers defdits Sieges, & des Preuoftez, Vi-comtez, Elections, & des autres Sieges & Iu-rifdictions fubalternes: Et qu'ils puiffent ex-ercer leurfdits Offices alternatiuement ou feparément entr'eux, les Villes & Paroiffes deleur reffort, felon qu'ils verront pour le mieux, Mefmes qu'vne feule perfõne puiffe

tenir & posseder plusieurs desdits Offices
coniointement, si bon luy semble. Et au re-
gard desdits Offices de Commissaires Examinateurs, Procureur alternatif & second
Aduocat pour nous en chacune desdites E-
lections de ladite Generalité, Voulõs qu'ils
iouïssent des fonctions, honneurs, authori-
tez, priuileges, exemptions, droicts & émo-
lumens portez par nostredit Edict du mois
de Decembre mil six cens trente-trois, du-
quel copie colationnée est cy-attachée sous
le contre-seel de nostre Chancellerie, & autres Edicts y declarez & métionnez Atous
lesquels Offices auons par le present Edict
attribué & attribuons par chacun an, les ge-
ges, droicts & taxations qui ensuiuent, A sçauoir, aux Intendans des Elections de Bour-
deaux & Perigeux, Sept cens liures chacun:
A ceux de l'Election d'Agen, Sept cens liures chacun: A ceux de Lomagne, cinq cens
cinquante liures chacun: A ceux de Con-
doin & Leslanes, cinq cens liures chacun:
A ceux de l'Election d'Armagnac, six cens
liures chacun : A ceux de l'Election de
Riuierre Verdun, quatre cens ciquante liures chacun: A ceux de Cumenge, cinq cēs
liures chacun: A ceux de l'Election de Ca-
hors, sept cens liures chacun: A ceux des

Elections de Montauban & Figeac, auſſi cinq cens liures chacun : A ceux de l'Election de Ville-franche, ſix cens liures chacun : A ceux de l'Election de Roddez, cinq cens cinquante liures chacun : A ceux des Elections du hault Roüergue & d'Eſterac, auſſi cinq cens liures chacun : Auſdits Commiſſaires Examinateurs en chacune Election, trois cens liures de gage chacun: Auſdits Procureurs alternatifs & ſeconds Aduocats pour nous, à chacun cent liures de gages, & quarante liures de taxations & droict d'aſſiette, pour cinq natures, à raiſon de huict liures chacun. Deſquels gages & taxations, reuenans enſemble à la ſomme de vingt-ſept mil trois cens quatre vingts liures, les pourueus deſdits Offices ſeront payez par les Receueurs de nos Tailles de chacune deſdits Elections, des deniers de leurs Receptes, également par les quatre quartiers de chacune année, à commencer du premier Ianuier dernier, cóme chargez deſdites Receptes, & à cette fin le fonds en ſera doreſnauant laiſſé és eſtats de nos Finances, qui ſeront expediez pour ladite Generalité. Et outre tous les ſuſdits gages & taxations, auons par le meſme preſent Edict attribué & attribuons auſdits Offices de

Commiſſaire Examinateur, Procureur alternatif & ſecond Aduocat pour nous en chacune deſdites Electiôs, pareil droict de verification & ſignature de Rolle, dont iouïſſent ou doiuent iouir les anciens Officiers d'icelles, qui eſt à raiſon de vingt-cinq ſols pour Paroiſſe, pour chacun d'eux. Lequel droict nous voulons eſtre impoſé par chacune année, coniointement auec ceux deſdits anciens Officiers à commencer dudit iour premier Ianuier dernier. Auſquels Offices ſera dés à preſent par nous pourueu de perſonnes capables, en attédant la vente d'iceux. Voulons que le porteur des prouiſions & quittances de finance, le nom & ſurnom de l'Officier en blanc, iouïſſe & reçoiue ſur ſes quittances tous les ſuſdits gages, taxations & droicts de verification de Rolle, meſme qu'il puiſſe faire exercer leſdits Offices par Commiſſion, iuſqu'à ce qu'il en aye diſpoſé. Comme auſſi que les pourueus des Offices de Procureur alternatif & ſecond Aduocat pour nous eſdites Elections, iouïſſent du benefice du droict annuel durant les quatre années qui reſtent du reſtabliſſement d'iceluy, pendant leſquelles leurſdits Offices ne pourront eſtre ſujets à la rigeur des quarante iours, dont

nous les auons difpenfez, & fans qu'ils foiét
tenus de payer le droict annuel, faire aucun
preft ny auance : Et fi apres lefdites quatre
années nous continuons le droict annuel,
lefditsOfficiers feront receus à le payer fans
faire aucun preft ny auance.

SI DONNONS EN MANDEMENT à
nos amez & feaux Confeillers, les Gens te-
nans noftre Chambre des Comptes à Paris,
Cour des Aydes de Montpellier & Agen,&
Treforiers de France de ladite Generalité
de Gyenne, que ces prefentes ils facent lire,
publier & enregiftrer, & le contenu en icelles garder & obferuer, fans permettre qu'il y
foit contreuenu, nonobftant oppofitions ou
appellations quelconques, dont fi aucunes
interuiennét, nous en auós retenu& referué
la cognoiffance à nous & à noftredit Côfeil,
& icelle interdite à toutes nos Cours & autres Iuges & Officiers, nonobftant auffi tous
Edicts, Ordonnances, Arrefts Reglemens,
defenfes, priuileges & autres lettres à ce cô-
traires, aufquelles & aux dé rogatoires y cô-
tenuës nous auonsdérogé & dérogeons par
ces prefentes : CAR tel eft noftre plaifir. Et
dautant que de cefdites prefentes on pourra
auoir affaire enplufieurs & diuers lieux, nous
voulôs qu'aux copies collationnées d'iceluy

par vn de nos amez & feaux Cõseillers & Se-
cretaires, foy soit adioustée comme au prosée
original, auquel afin que ce soit chose ferme & stable à toujours, nous auons fait mettre nostre seel, sauf en autres choses nostre
droict, & l'auttuy entoutes. DONNE' à Paris au mois de Ianuier, l'an de grace mil six
cens trente-cinq, & de nostre regne le vingt-
cinquiéme. Signé, LOVIS, à costé, visé,
& plus bas, Par le Roy, DE LOMENIE, &
scellées du grand seau de cire verte sur lacs
de soye rouge & verte. Et encor est écrit:

Leu, publié & registré en la Chambre des
Comptes, Oüy le Procureur General du Roy
par le commandement de sa Maiesté, porté
par Monsieur le Comte de Soissons, Grand
Maistre de France, Gouuerneur & Lieute-
nant General pour le Roy en Dauphiné, ve-
nu expers en ladite Chambre, assisté du Sieur
Duc de Montbazon, & des Sieurs de Leon
& d'Ormesson, Conseillers de sadite Maje-
sté en ses Conseils d'Estat & Priué. le 16.
iour de May mil six cens trente-cinq.
Signé, BOVLON.